Dánta Duitse!

Scothvéarsaí do dhaoine óga

Gabriel Rosenstock

Cló Iar-Chonnachta
Indreabhán
Conamara

An Chéad Chló 1988
An Dara Cló 2001
An Tríú Cló 2006
© Gabriel Rosenstock 1988

ISBN 1 900693 92 5

Clóchur agus dearadh: Sogol Teo.
Stiúrthóir Ealaíne: Pat Mooney
Léaráidí: Paul Gribbin

 Tugann Bord na Leabhar Gaeilge tacaíocht airgid
Bord na   do Chló Iar-Chonnachta
Leabhar
Gaeilge

Faigheann Cló Iar-Chonnachta cabhair airgid ó

The Arts Council An Chomhairle Ealaíon

Gach ceart ar cosaint. Ní ceadmhach aon chuid den fhoilseachán seo a atáirgeadh, a chur i gcomhad athfhála, ná a tharchur ar aon bhealach ná slí, bíodh sin leictreonach, meicniúil, bunaithe ar fhótachóipeáil, ar thaifeadadh nó eile, gan cead a fháil roimh ré ón bhfoilsitheoir.

Clóchur: Cló Iar-Chonnachta, Indreabhán, Conamara
   Fón: 091-593307 **Facs:** 091-593362 **r-phost:** cic@iol.ie
Prointáil: Clódóirí Lurgan, Indreabhán, Conamara
   Fón: 091-593251/593157

CLÁR NA nDÁNTA

An Ghealach 3	Simpeansaí 41
Coc a Dúdal Dú 4	Tarbh Garbh 42
Ceist 5	Réidh 43
Taidhgín Turcaí 6	Grá 44
Glantóir Simné 7	An Dreoilín Teaspaigh 45
Bearnard Broc 8	An Mhuc 46
Múscailt 9	Snáthaid an Phúca 47
Coinín Ciúin 10	Naoscach 48
Nollaig Shona! 11	Sobal 49
Giorria 12	Toitíní 50
Súmadóir 13	An Creabhar 51
Frog is Fiche 14	Sé 52
Bon Appétit 15	An tOchtapas 53
Crogall 16	Scanrú 54
Sleamhnán 17	An Fear Bréige 55
Léim 18	Póg 56
Sciorr an Mhuc 19	Wigwam 57
Dhá Ghabhar 20	Ná Tabhair Aon Rud	
An Chrosóg Mhara 21	Le hIthe Dóibh 58
Go Deo Deo Arís 22	Cóisir 59
Smugairle Róin 23	An Bioránach 60
Iasc 24	Ádhamh agus Éabha 61
Geisha 25	Stop 62
Fearchat 26	Níl a Fhios Agam 63
Seachain! 27	An Ráca 64
Jacaí 28	Piasún 65
Damhán Alla 29	Báisteach 66
Bóín Samhraidh 30	Cnag 67
Bóín Dé 31	Folúsghlantóir 68
Bumbóg 32	Haiku 69
An Seilide 33	Cloch 73
Seilide Eile 34	Na Dumhcha Lasmuigh 74
Séamaisín Saighdeoir 35	Grian 75
An Chorrmhíoltóg 36	Aisling ar an gCósta Thoir 76
Galrollóir 37	Fáilte 77
Carr 38	Pónaithe Sorcais i Seanchill ... 78
Rat-a-ta-tat 39	Eilifintí 79
Pablo 40	Fís 82

Teilifís 83	Tugadh Buachaill Uirthi 88
Do Meg 84	An Fhírinne.................................. 89
Balún Gorm 85	Cuireadh 90
Gloria 86	Triomaigh do Dheora, a Deirim 91
Paidir d'Íosa Críost	Iarfhocal 93
ar an gCrois 87	

RÉAMHRÁ

Nuair a hiarradh ormsa, ag Mícheál Ó Conghaile agus ag Gabriel Rosenstock, foilsitheoir agus file, dánta a roghnú as dosaen éigin leabhar agus réamhrá a chur leis an gcnuasach, d'fháiltigh mé go mór roimh an gcuireadh. Ní hé amháin gur thuig mé go raibh a leithéid ag teastáil, oiriúnach do thrí aoisghrúpa na bunscoile, de réir chóras Piaget, - abair 4-7, 8-10, 11-13bl. go hachomair — ach gur mithid iad a bheith bríomhar, greannmhar, dáiríre, — i bhfriotal na linne seo. Tá na tréithe sin go léir, mar aon le tréithe eile ar liosta le háireamh iad, an cheolmhaireacht, an chontráilt tobann, an doimhneacht, an daonnacht.... ag roinnt le saothar Ghabriel, scaipthe áfach thar am de réir mar a cumadh na dánta le cúig bliana déag anuas. Tá súil agam, leis an roghnú seo, gur fearr a bheidh cuid acu i gcluasa, i súile, i lámha agus in intinn ag daltaí óga agus iad ag tabhairt faoin saol atá ina dtimpeall.

An trioblóid le filíocht ar scoil nó sa bhaile ná na míthuiscintí. In alt fada in *Teagasc na Gaeilge IV** tharraing mé as taighde agus as tuairimí ó chian is ó chomhgar chun treisiú ar thábhacht shóisialta, shibhialta agus ar neart aigeanta an 'Poesis'.

Is beag fós a thuigeann daoine go bhfuil an fhilíocht ar cheann de na fórsaí is láidre ionainn chun an saol a bhlaiseadh, a thuiscint, a stiúradh, agus chun teacht ar na fadhbanna pearsanta in íochtar na foraigne (neamh-chomhfhiosaí). Faoi mar a mhínigh an síceolaí Carl Jung is taobh le brionglóideach agus le samhlaíocht a bhímid an t-am ar fad ach i rith an lae nach n-airímid an bhrionglóid toisc torann an tsaoil a bheith ag cur isteach orainn. Ach brionglóid seo na filíochta bíonn sí fíor-riachtanach chun tuiscint, foighne agus réiteach a chothú idir dhaoine i mbroid an tsaoil mhóir:

> 'The whole external activity of our busy world - making things go - would collapse unless an intense inward creative poetic effort went on in the individual, in childhood and continually after. Unconscious fantasy always plays a large part in our life. Children know this intuitively.'
> - D. Holbrook

Mar léiriú air seo tugann Holbrook cuntas ar leanbh óg a chuir gothaí filíochta air féin sa traein faoi thalamh lá i Londain agus conas mar a chuaigh a shamhlaíocht i bhfeidhm ar a chomhphaisinéirí:

> 'The baby ... in the tube-train for instance may be desiring to "eat" all the people in the carriage. And then he will restore everything in great happiness by making a magical gesture by which he will "feed" everyone. Watching such an episode in London recently I was deeply moved because one baby "cured" that little fragment of London of its schizoid fragmentation .... In that carriage we were all now ready to talk to one another and to begin to form a fresh feeling of community relationship. To "work" on this problem of relationship and its contribution to our search for our fulfilled identity is the gist of poetry.'

*Eagarthóirí: Liam Mac Mathúna agus Ciarán Ó Coigligh: Arna fhoilsiú go bliantúil ag Comhar na Múinteoirí Gaeilge agus faoi choimirce ag Bord na Gaeilge (1985)

An bhagairt agus an bhuairt, is deacair iad a scarúint ón óige, ón bhfás in aois, ón bhforbairt aigne. Ní gan dua a théann páistí chun cinn. Ní fada a bhíonn siad ar an saol nuair a thosaíonn siad ag screadaíl má imíonn an mháthair as a radharc uathu. Chun an t-uafás seo a shárú tosaíonn siad ar an gcur i gcéill atá mar phréamh leis an ealaín go léir. In aois leathbhliana imríonn siad 'gliúc', ag cur lámh ar an dá shúil, ag dul i bhfolach le gach ré mothú eagla agus aoibhnis.

> '... *experimenting with feeling and gaining imaginative strength* ....
> *"Through ...beasts, woods, enchanted castles, talking fish
> and ravens he is able to confront outside himself the turmoil of
> inner questioning awakened by experience."*
> - M. McGuire

Ní hionadh mar sin gur mian le leanbh dul siar go minic ar na seanrainn agus ar na dánta atá ar eolas aige cheana. Is ina aigne féin, ina chroí féin istigh a chaithfidh an leanbh an cheist inmheánach seo a fhreagairt: 'Cé hé mise?' Is fada a thógann sé leis an gceist a chur agus is faide fós a bhíonn sé á freagairt. Is ó thaithí an tsaoil, ó chomhluadar páistí eile, ó réiteach le daoine fásta a fhoghlaimíonn sé cuid de. Ach is óna shaothar cruthaitheach féin a fhoghlaimíonn sé an chuid is soiléire ar fad.

A dtimpeallacht féin a thuiscint - sin ceann de na fadhbanna is mó a bhíonn ag leanaí. Is ait agus is iontach leo na daoine, na nithe, na hainmneacha, na crotanna, na fuaimeanna, na focail a bhuaileann leo ag fás suas dóibh agus a chuireann i mbun fionnachtana iad.

Ní ar fhilí amháin a bronnadh bua na filíochta chun stiúir a chur ar dhaoine eile a bhíonn faoi mháchail na saoltachta nó chun luachanna na beatha a aimsiú. Bronnadh go fial ar pháistí é d'fhonn cuidiú leo domhain-aithne a chur i ngearraimsir, ar áilleacht, ar uafás an tsaoil ina iomláine.

Is san fhilíocht a thagann an smaoineamh agus an mothú le chéile le hionadh a chur ar dhuine agus é a spreagadh i dtreo an léargais. Is minic gur mar sin do dhaoine óga agus is giorra iad don fhilíocht ar an tráth sin dá saol ná in am ar bith eile.

> *'They do not find it a strain to suppose that a bush is a bear.
> Understanding for them is often foreknowledge, as if sometimes,
> they had been born with the "meaning" inside them. They
> apprehend truth and beauty better than they comprehend these,
> they accept on trust and do not think in terms of arguments,
> canons, rules and grammar.'*
> - T. Blackburn

Is í an teanga an bealach is fusa ag páistí le mothú a léiriú. Ar éigean is fiú do pháiste an teanga a bheith aige maran féidir leis mothú a chur in iúl go díreach tríthi. An túisce a chuireann an leanbh eagar ar an gcéad teanga aige, in aois 3 nó mar sin, tosaíonn sé ag imirt le focail, á gcur in oiriúint do pé mothú a bhíonn aige. Is maith leis rainn: is maith leis athrá; is iomaí uair a chuireann sé an cheist mar sin, tosaíonn sé ag imirt le focail, á gcur in oiriúint do pé mothú a bhíonn aige. Is maith leis rainn: is maith leis athrá; is iomaí uair a chuireann sé an cheist chéanna - ní hamháin le teann fiosrachta chun eolas a fháil ach le fonn casadh a bhaint as an teanga agus as na smaointe aige.

Faoi mar a mhúintear an dara teanga faoi láthair in Éirinn, bíonn an múinteoir go breá sásta má éiríonn leis na daltaí foclóir áirithe agus bunstruchtúir na teanga sin a láimhseáil go meicniúil, as a stuaim féin. Ní bhíonn múinteoir ag súil leis go rachaidh na daltaí chun cinn go dtí an pointe ag a mbeadh siad ábalta imirt le focail na Gaeilge agus speictream a bpearsantachta - gliondar, misneach, dóchas, áthas, eagla, fearg agus ionadh féin a léiriú inti. De réir dealraimh ní ró-léir dá lán múinteoirí gur le himirt focal agus athrá rann - faoi bhrú na mothúchán sin, ar an leibhéal cumais teanga sin (a bhíonn ag páistí in aois 3-4), is túisce a éiríonn le daltaí dul chun cinn an-tapa a dhéanamh i labhairt na chéad teanga.

Má éiríonn le daltaí a gcuid machnaimh a chur le friotal na litríochta, gan dua ná brú orthu, seans go leanfaidh siad mar sin ina ndaoine fásta dóibh agus gur móide an sonas an tsuim sin san fhilíocht. Ach ní foláir gur ar mhaithe leis an léargas -seachas leis an eolas - a chuirfeadh siad suim inti.

> 'The sheer delight of a child's appreciation is based on wonder, and deny it as we may, knowledge and wonder counteract one another. So as knowledge increases wonder decreases. Now the great and fatal fruit of our civilisation, which is a civilisation based on knowledge and hostile to experience, is boredom ... education and learning is producing a grand sum total of boredom. Modern people are inwardly thoroughly bored ...because they experience nothing ... because all the wonder has gone out of them.'
> - D. H. Lawrence

Toisc go mbíonn teora leis an eolas ní hionann é agus an fhírinne. An duine a bhfuil an mothú agus an tsamhlaíocht ann á spreagadh i dtreo an léargais is giorra go mór don fhírinne é.

> 'We live in a world of mass media, mass communication, propaganda, in other words of downright lies ... (nothing) repudiates this lying or grossly inaccurate use of language in the way poetry does'.
> - V. Scannell.

Dánta seo na nua-aoise is móide taitneamh na ndaltaí astu ach iad a chur i láthair ar mhodh na nua-aoise freisin: réamh-mhíniú ar na focail deacra, na daltaí ag éisteacht leis na dánta á léamh cúpla uair dóibh, na daltaí féin á léamh ansin, ach i gcórléitheoireacht - ar gach re líne nó véarsa ag línte nó ag grúpaí éagsúla daltaí. Ansin dul siar orthu go minic, ní amháin ó bhéal ach le dathú - chuige sin na pictiúir.

Níl taitneamh ceart as filíocht ag daltaí nó go n-iarrtar orthu línte nó véarsa dá gcuid féin a scríobh, ag tosú abair le pictiúr de rud éigin a chuireann mothú (áthas, gáire, eagla, brón, fearg etc) orthu agus ansin líne amháin a scríobh. Ansin an dara líne, an tríú ... an ceathrú ...! Ná ceaptar áfach gurb é haiku na dtrí líne is fusa le cumadh!

Thar gach ní eile, déantar bunábhar, bunsmaointe, agus an cheist mharfach úd "Cad is brí le ... ?" a sheachaint ar fad san obair seo. Saothar ar bith ealaíne, pictiúr, dealbh, dán, nuair a thógtar as a chéile é, scriostar go deo ar an dalta é.

> 'Poems are not like stretch swim suits, that fit everybody .... There is in fact no reason why all poetry should speak to all men.'
> - H.R. Pearce

> 'There is no point, particularly with young children, in slitting the throat of a song or ballad by overexplanation of its context ... A good poem is a work or art .... It will survive, fortunately, even the most zealous and well-meaning assassin who unwittingly does his best to kill what he most loves.'
> - C. Causley

Don taitneamh, do shárú an tsaoil na dánta seo. Ní haon ionadh é gurb í an fhilíocht, taobh leis an gceol agus na hamhráin, an ghné is buaine agus is beo den tsaoithiúlacht dhúchais a tháinig trí bhráca na staire anuas chugainn.

Eoghan Ó Súilleabháin
Coláiste Phádraig
Droim Conrach

Admhálacha
Roghnaíodh na dánta sa leabhar seo as
An tOchtapas (Clódhanna Teo)
An Béar Bán (Clódhanna Teo)
An Chrosóg Mhara (An Gúm)
Piasún ar Ghéag (An Gúm)
Tuirlingt (Carbad)
Frog is Fiche (Taibhse)
Méaram! (An Clóchomhar Tta)
Dathaigh an Dáinín (Cló Iar-Chonnachta)
OM (An Clóchomhar Tta)
Nihil Obstat (Coiscéim)
Susanne Sa Seomra Folctha (Clódhanna Teo)
Rún na gCaisleán (Taibhse)
Migmars (Ababúna)

Tiomnaím an leabhar seo
do Eithne
Héilean
Saffron
Tristan
agus Éabha

An Ghealach

Cé tá ar an ngealaigh
Fear, bean nó leanbh
Duine sean
Duine óg
Nó duine buí searbh?

Coc a dúdal dú!

Coc a dúdal dú!
Tá sé in am na ba a chrú
Ná cuirigí am amú
Coc a dúdal dú!

Ceist

Tiuc-tiuc leis an gcearc,

Beadaí-beadaí leis an ngé,

Fínic-fínic leis na lachain

Agus bia-bia le cad é?

Freagra: Turcaí

Taidhgín Turcaí

Gogal-gogal-gogal:
Gogal-gogal-gog!
Mise Taidhgín Turcaí
Gogal-gogal-gog!
Ní labhraímse os íseal
Ní labhraímse go bog,
Gogal-gogal-gogal:
Gogal-gogal-gog!

Glantóir Simné

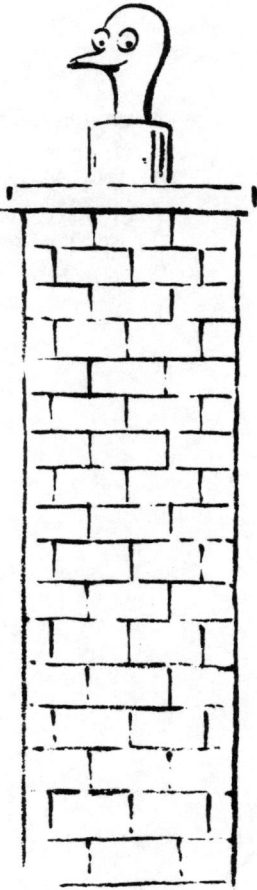

A ghé, a ghé, cá raibh tú inné?
Bhí mé i nGaillimh ag glanadh simné;
Suas liom go cúramach, suas liom go mall
Agus síos liom ag luascadh anonn is anall!

Bearnard Broc

Tá Bearnard Broc i bponc,
Inseoidh mé duit cén fáth:
Tá gaol aige leis an scúnc
Tá, an fear bocht, tá!

Múscailt!

"Sin tús maith leis an lá!"
Arsa an mús lena ghrá,
(Ag tumadh a chéile
Sa srutháinín sléibhe) -
"Nigh do chluasa, nigh do ghnúis -
Nigh tú féin go maith, a mhúis!"

Coinín Ciúin

Bhí coinín ann fadó -
Éist go cruinn le mo scéal!
Bhí coinín ann fadó fadó
Is níor oscail sé riamh a bhéal.

Ní osclódh a bhéal go deo go deo
Ní osclódh a bhéal go deo
Níor oscail a bhéal agus sin é mo scéal—
Ach conas a mhair sé beo?

(Cuir ceist ar Dhaideo!)

Nollaig Shona!

Nach deas iad ár gcúigear coiníní!
Is breá leo an Nollaig a bheith ann:
Braits agus Haits, Maits agus Fraits
Agus Scraits - a leithéid de chlann!

Giorria

Ní chreidim i nDia, ní chreidim i nDia
Ní chreidim i nDia, arsa an giorria.

Cé nach gcreideann i nDia?
Arsa an fia.

Mise mise, arsa an giorria.

Is cá bhfaigheann tú do bhia?
I mBaile Átha Cliath???
Cá bhfaigheann tú do bhia ach ó Dhia!

Creidim i nDia, creidim i nDia
Creidim i nDia, arsa an giorria.

Súmadóir

Tá mo shúmadóirín álainn ag snámh istigh i bróca,
Deir Mamaí nach bhfuil cead agam é a iompar i mo phóca.

Frog a bheidh ann i gceann seachtain nó dhó...
Is ní bheidh mo shúmadóirín ann níos mó.

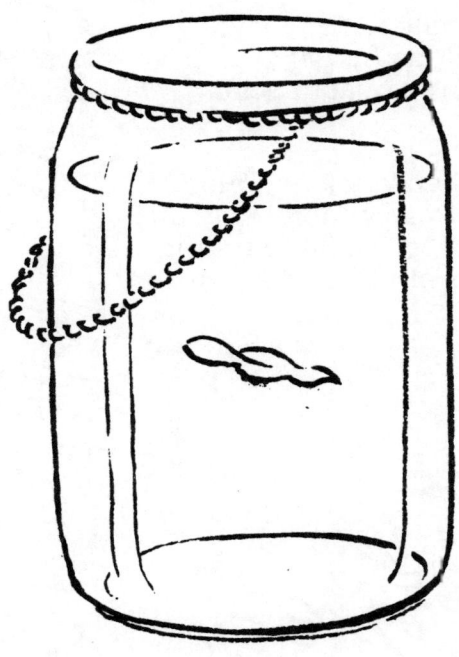

Frog Is Fiche

Frog
Fuar
Ag feitheamh—
I bhfolach i lár an fhéir—
Le futa fata
Futa fata
Na bhfroganna go léir.

Fuist!
Fuile faile!
Fuile fuile faile faí!
Féach! Tá fiche froigín
Á bhfolcadh féin faoin gclaí.

"An féidir liomsa folcadh libh?"
A dúirt an frog go faon,
Arsa fiche frog "Tá fáilte romhat!"
Flup-flop — sin fiche a haon!

Bon Appétit

Duine breá ramhar
É rósta go bog,
Is mar apéritif
Sú fuar frog.

Crogall

Síos ansin a chuaigh sé, arsa an cangarú,
Cá bhfuil an crogall a d'éalaigh ón zú?

Níl sé anseo, arsa luchóg san fhéar,
Ná anseo ach oiread — snag breac ar shimléar.

Síos ansin a chuaigh sé, arsa an cangarú,
Cá bhfuil an crogall a d'éalaigh ón zú?

Níl sé anseo, arsa dreoilín sa sceach,
Ná anseo ach oiread, arsa an bheach.

Síos ansin a chuaigh sé, arsa an cangarú,
Cá bhfuil an crogall a d'éalaigh ón zú?

Níl sé anseo, arsa seangán faoi chloch,
Ná anseo ach oiread—pincín sa loch.

Síos ansin a chuaigh sé, arsa an cangarú,
Cá bhfuil an crogall a d'éalaigh ón zú?

Sleamhnán

Suas agus síos
Agus síos agus suas
Síos síos le fána
An cat ar a thóin
An luch ar a srón
Síos linn arís go dána!

Léim!

Foghlaim léim ón bhfrog
Is é atá lán de bhrí!
Foghlaim léim ón bhfrog
Is beidh tú aclaí,
Is lán de spraoi...
Beidh, a chroí.
Hí, hí!

Sciorr an mhuc!

Sciorr an mhuc
Sciorr an mhuc
Amuigh ar an lochán reoite;
Sciorr an mhuc
Sciorr an mhuc
Beidh sí tinn anocht agus breoite!

Dhá ghabhar

Chuaigh dhá ghabhar ag dreapadh in airde ar shliabh
Go bhfeicfidís an domhan níos soiléire,
Chonaiceadar radharc nach bhfaca siad riamh
'Feicim,' ar siad, 'feicim Éire.'

A leithéid de phéire!

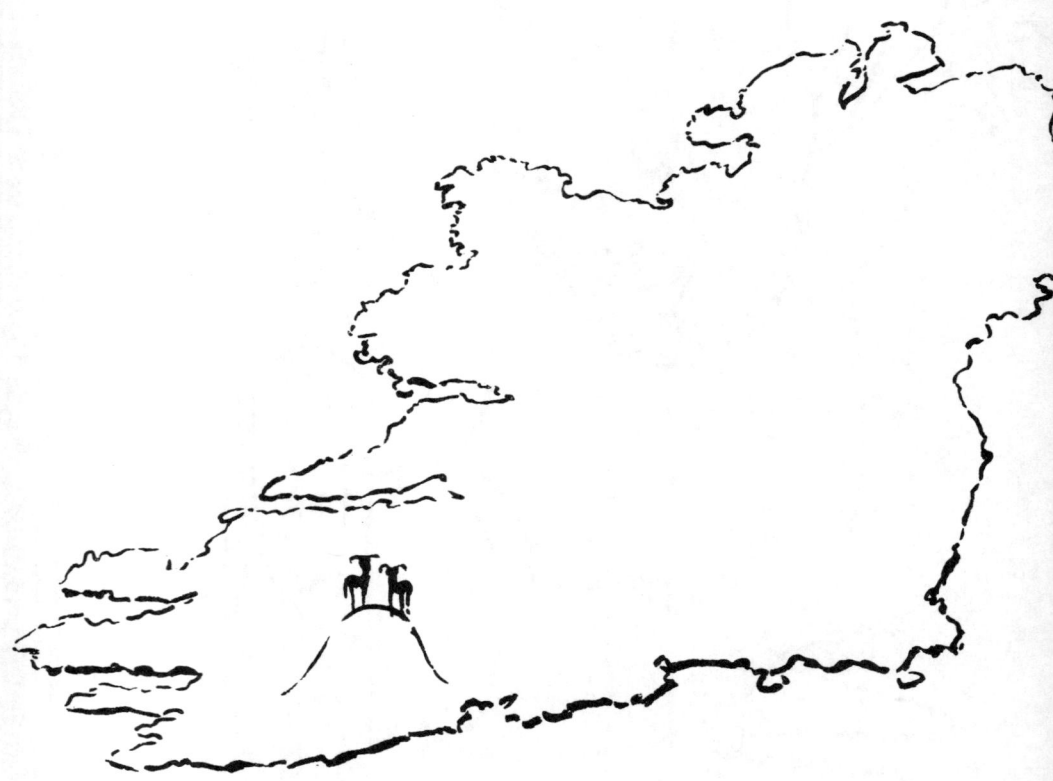

An Chrosóg Mhara

Féach anseo mé ar an trá
Le cúpla lá, le cúpla lá.
Cén fáth?
Níl fhios agam cén fáth,
Bú-bá!

Cabhraigh liom ar ais sa snámh
Ar ais sa snámh, ar ais sa snámh,
Tar anseo is t'rom do lámh -
Táim i ngábh.

Go deo deo arís...

Ní rachaidh mé chun farraige arís go deo
Fanfaidh mé anseo go buan,
Ní rachaidh mé amach arís sa cheo
Is fearr liomsa an cuan.

Feicim an taoille
Ag tuile is ag trá
Feicim an oíche
Feicim an lá.

Tá consairtín agam is píopa tobac,
Dhera, nach in é mo dhóthain, a mhac!

Smugairle Róin

Cén fáth a bhfuil tusa ag déanamh bróin,
A smugairle róin?
Cén fáth a bhfuil tusa ag déanamh bróin?

Cé dúirt go bhfuil mise ag déanamh bróin?
Arsa an smugairle róin.
Cé dúirt go bhfuil mise ag déanamh bróin?

Cad tá ar siúl agat, a smugairle róin?
Ag ithe do lóin?
Cad tá ar siúl agat, a smurgairle róin?

Tá mé i mo shuí ar mo thóin,
arsa an smugairle róin,
ag ithe mo lóin is ag déanamh bróin
agus beidh mé anseo go dtí — fan go bhfeicfidh mé
ó ... leath uair tar éis a ceathair, ar a laghad, san iarnóin.

Iasc

Léim an t-iasc
Léim an t-iasc
Léim an t-iasc sa linn

Léim an t-iasc
Léim an t-iasc
Is dúirt ansin go binn:

'Sin mar a bhíonn
Na héisc go binn
Ag léim i linn sa tSín.'

Geisha

Bhí geisha ghleoite tráth sa tSeapáin
Is ní ólfadh sí ach uachtar — uachtar amháin.

Is gach aon oíche roimh di dul a luí
Níodh sí a héadan le huachtar buí.

Fearchat

Tá fearchat ag caoineadh an oíche go léir
Is tá gach duine bréan de, fiú an ghealach sa spéir.

Seachain!

Buailfidh tú le gadhar dána
An t-ainm atá air ná 'Smíste!'
Aithneoidh tú é — tá sé an-an-ghránna —
Sracfaidh sé díot an bríste!

Jacaí

"Tá jab agam duit mar jacaí!"
"Mar jacaí?" arsa an dreancaid, Tomás.
"Sea," arsa an cú, "mar jacaí!
Bí ullamh don chúigiú rás!"

Damhán Alla

Damhán alla
Damhán alla
Ar an mballa
Ar an mballa

Tháinig éan
Tháinig éan
Ó mo léan
Ó mo léan!

Bóín Samhraidh

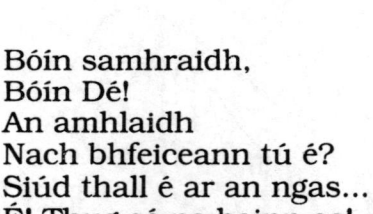

Bóín samhraidh,
Bóín Dé!
An amhlaidh
Nach bhfeiceann tú é?
Siúd thall é ar an ngas...
É! Thug sé na boinn as!

Bóín Dé

Tá boinéad nua ar an mbóín Dé,
Inniu a céad lá breithe!
Tháinig an bheach: "Ó, is fearr liom é
Na bláth bán ar bharr sceiche!"

Bumbóg

Bum ... Bum ... Bum ... Bum!
Ag eitilt ó bhláth go bláth,
Bum ... Bum ... Bum ... Bum!
Ag bumáil a chaithim an lá.

Bum ... Bum ... Bum ... Bum!
Bumbóg mé, a ghrá —
Bum ... Bum ... Bum ... Bum!
Cad eile is féidir a rá?

An Seilide

Chaill mé mo theachín
Arsa an seilide bocht
Chaill mé mo theachín
Is é a bhí go docht

Nuair a dhúisigh mé ar maidin
Bhí mé fuar gan é,
D'fhéach mé i ngach áit
Ar deis is ar clé

Cé thóg mo theachín?
Arsa an seilide nocht
Cé thóg mo theachín?
Cé air a bhfuil an locht?

SEILIDE EILE

Trí orlach ar fhaid atá seilide
ní fhásann sé riamh níos mó;

Bhí tráth ann is bhí sé chomh
mór le do dhorn fadó fadó fadó…

Séamaisín Saighdeoir

Séamaisín Saighdeoir
De shíor ag caitheamh seile
Níl ach port amháin aige
"Ba mhaith liom cuileog eile."
Séamaisín Saighdeoir
Ní théann sé riamh ar strae,
Cuileoga chun bricfeasta aige,
Cuileoga arís chun tae.

An Chorrmhíoltóg

Leaidín an-bheag is ea an chorrmhíoltóg
Lán de neart!
Buaileann a sciatháin míle uair sa soicind
Sin beart!

Galrollóir

Tá an galrollóir ag teacht,
Tá an galrollóir ag teacht,
As an tslí
A sheilidí
Tá an galrollóir ag teacht!

Tá an galrollóir ag teacht,
Tá an galrollóir ag teacht,
Teithigí
A phéistíní
Tá an galrollóir ag teacht.

Tá an galrollóir ag teacht,
Tá an galrollóir ag teacht,
Imigí
A fheithidí
Tá an galrollóir ag teacht.

Tá an galrollóir ag teacht,
Tá an galrollóir ag teacht,
Rithigí
A luchógaí
Tá an galrollóir ag teacht!

Carr

Níl an carr
Níl an carr
Níl an carr
thar barr
Tá lúb ar lár
Tá lúb ar lár
Tá lúb ar lár
sa charr.

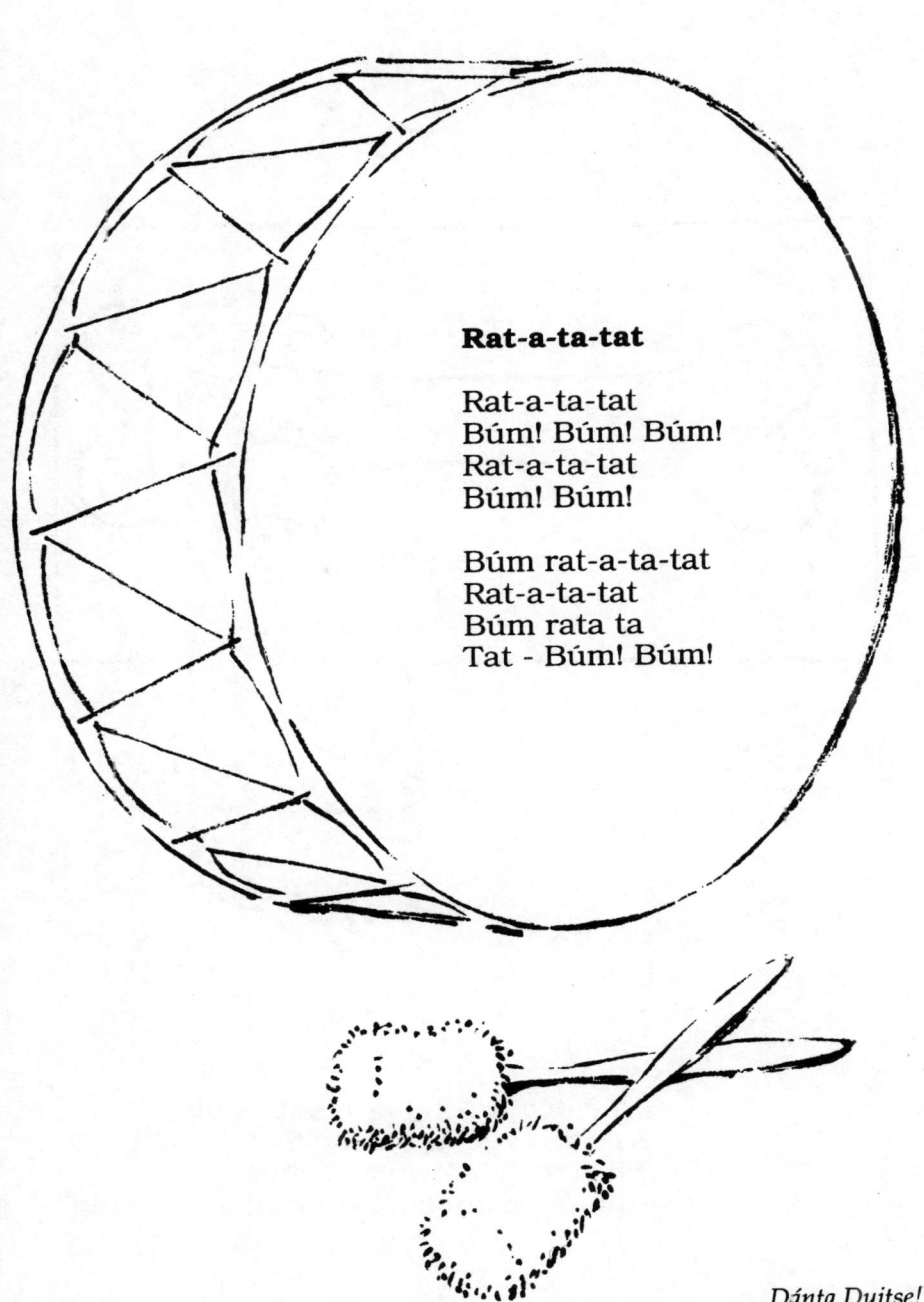

Rat-a-ta-tat

Rat-a-ta-tat
Búm! Búm! Búm!
Rat-a-ta-tat
Búm! Búm!

Búm rat-a-ta-tat
Rat-a-ta-tat
Búm rata ta
Tat - Búm! Búm!

Pablo

Tá Pablo bródúil as a shaothar
Ar seisean 'Dar mo lámh,
Níl éinne éinne in aon chor
Chomh maith liom ag péinteáil cnámh!'

Simpeansaí

Tá an simpeansaí ag ól
Tá an simpeansaí ag ól
Ina shuí ar an stól leis féin!
Tá an simpeansaí ag ól
Tá an simpeansaí ag ól
Tá an simpeansaí ag ól seaimpéin!

Tarbh Garbh

"Ná bí garbh!" arsa an bhó.
"Mise garbh?" arsa an tarbh.
"Tusa!" Thug sí cic mór dó—
Arsa an tarbh: "Tá mé marbh!"

Réidh?

"Bhfuil tú réidh?" arsa an rón leis an ribe róibéis,
Tá sé beagnach a sé — tá sé nóiméad tar éis!"
"Ó fan!" arsa an ribe róibéis leis an rón,
Tá mé ullamh ach púdar a chur ar mo shrón!"

Grá

Táimse i ngrá i ngrá i ngrá,
Táimse i ngrá le gnú,
Táimse i ngrá, há-há há-há,
Le gnú hú-hú hú-hú!
Ó, a ghnú ...
Gráim thú!

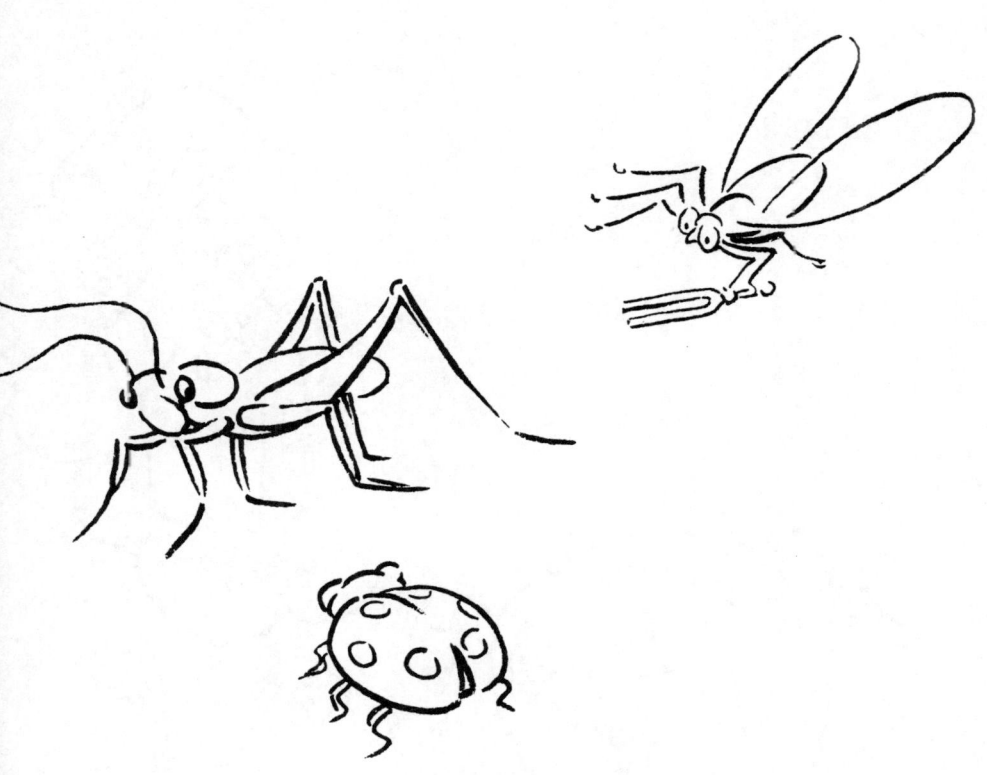

An Dreoilín Teaspaigh

"Dáiríre, an maith leat an ceol sin?"
Arsa an dreoilín teaspaigh,
"An bhfuilimse maith mo dhóthain
Chun seinm os comhair easpaig?"

"Athem! Gheobhaimid an cigire,"
Arsa an bhóín Dé,
"Ní fiú faic mo thuairimse,
An dtuigeann tú me!"

Tháinig an cigire—
An chuileog ghlas—
"Bhuel, ní thabharfainn duit onóracha,
An mbeifeá sásta le pas?"

An Mhuc

"Tá tinneas fiacaile i mo chluas, an bhféadfá mé a leigheas?"
"Cinnte," arsa an dochtúir is thóg sé anuas an deimheas.
Thosaigh an mhuc ag scréachaíl; arsa an dochtúir
"Cad tá cearr?"
"Dada, a dhochtúir, dada! Tá mé míle uair níos fearr!"

Snáthaid an Phúca

"Tá pianta im chosa,"
Dúirt snáthaid an phúca.
Tháinig an dochtúir
"Seo dhá chiúibín siúcra;
Leigheasfaidh sé sin thú,
Ní bhfaighfidh tú bás,
Níl rud ar bith cearr leat—
Ach go bhfuil tú ag fás!"

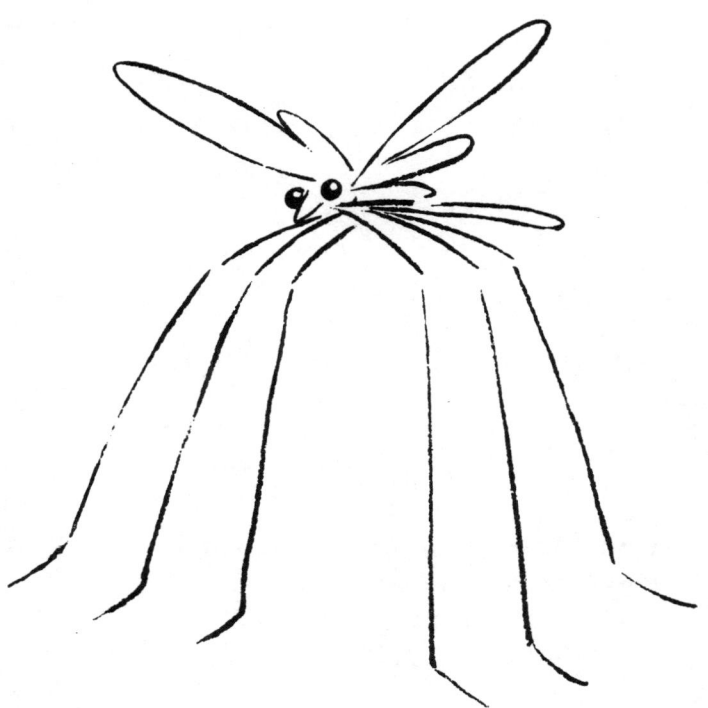

Naoscach

Go tobann lig an naoscach fead—
(Fead péine, ní fead meidhre):
"Cé a chuir neantóg im nead?
Mo thóinín! Maróidh mé an cladhaire!"

Sobal!

"Tá tinneas cinn im ruball,"
Arsa an cat leis an dochtúir.
"Fan go n-ullmhóidh mé sobal,
Fan, ná corraigh, a Chonchúir."
Tháinig sé ar ais ansin le báisín beag buí
A raibh uisce te le sulfar ann, "Más miste leat suí."

"Ó, ná bac, led thoil, a dhochtúir!
Nach ndéanfadh piolla beag an gnó?"
"Ní dhéanfadh," arsa an dochtúir,
"Is é an sobal an t-aon rud dó."

Toitíní

Cheannaigh an coinín fiche toitín
Is chaith sé go léir iad in aon lá amháin,
Chuaigh sé a chodladh is bhí pian ina bholg:
"Leitís duitse feasta, a stumpa amadáin!"

An Creabhar

An ngearrfá orlach dem ghob? Ó déan!
Arsa Cóilín an creabhar bocht cráite,
Má chuirimse an gob seo in aon rud, mo léan!
Cad a tharlaíonn? Bímse sáite!

Cad is fiú gob mar seo a bheith ag éan?
Gearr orlach de, a dhochtúir! Ó déan!

Sé

Tá mé sé inniu! Tá mé sé!
Tá mé sé sé sé!
Tá mé sé inniu! Tá mé—hé!—
Ag borradh ar nós éin gé!
Tá mé sé inniu! Tá mé sé!
Tá mé sé sé sé!
Slán go deo le hinné,
Tá mé— tá's agat féin cad é!

An tOchtapas

Tá mé ocht inniu, arsa an tOchtapas
Is tá mo chairde ag teacht le haghaidh tae,
Is breá liom bheith ocht, arsa an tOchtapas,
Beidh an chóisir againn ar a sé.

Tá mé ocht inniu, arsa an tOchtapas
Is tá mo chairde ag teacht le haghaidh tae,
Is breá liom bheith ocht, arsa an tOchtapas,
Ba sheachtapas mé inné!

Dánta Duitse!

Scanrú

Ní scanraím éin
Ní scanraím éin
Ach bhfuil fhios agat uaireanta
Scanraím mé féin!

An Fear Bréige

"Tá brón orm," arsa an fear bréige,
"Ní ormsa atá an milleán:
Tá brón orm," arsa an fear bréige,
"Níl cead agam labhairt le préachán.

Tá brón orm," arsa an fear bréige,
"Ach sin mar atá an scéal:
Tá brón orm," arsa an fear bréige,
Is tharraing an t-éan a chroiméal!

Póg

Leipreachán ar phúca peill go foighneach ag deisiú bróg,

Ní punt ná scilling a iarrfhaidh sé ort - ní hea, ach cúpla póg!

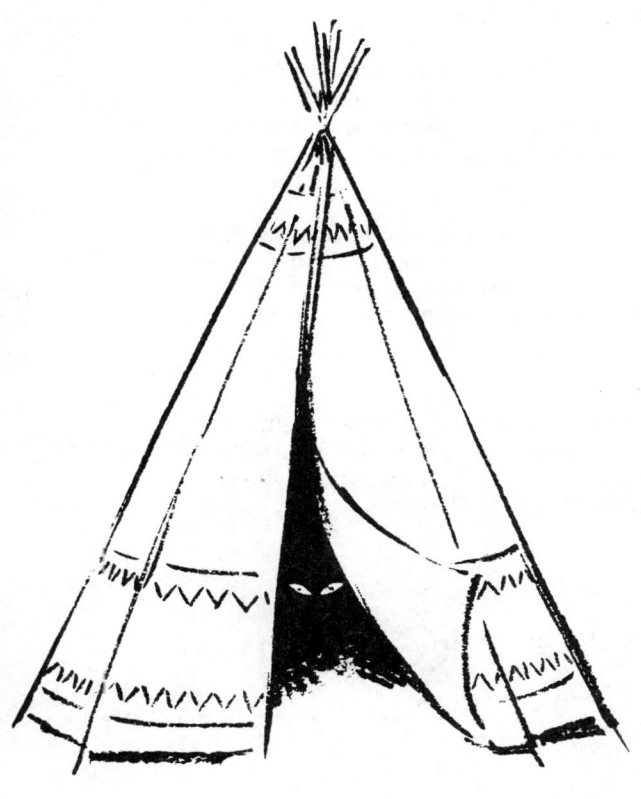

Wigwam

"A Mham! A Mham!
Cá bhfuil tú, a Mham?"
"Anseo!"
"Cén áit?"
"Anseo sa wigwam!"

Ná Tabhair Aon Rud Le hIthe Dóibh!

Léim spásfhirín go beo isteach im leabasa aréir,
"Cad as ar tháinig tusa? Díreach anuas ón spéir?"
"Bog isteach!" ar seisean, "táim préachta leis an bhfuacht—
Aon rud maith ar an mbosca?" "Tá' arsa mise, 'An Nuacht!'

"Bhuel cuir ar siúl láithreach é!" arsa an spásfhirín ag crith,
"Agus tabhair dom rud éigin le hithe— táim stiúgtha— rud ar bith!"
Fuair mé ceapaire feola dó agus d'fhéach sé air faoi dhó:
"Tá brón orm," arsa an spásfhirín, "rud ar bith ach bó."

Fuair mé pláta pónairí dó, sailéad agus rís
Agus d'alp sé siar an t-iomlán ag breathnú ar an teilifis:
Agus chuala mé an léitheoir nuachta: TÁ FIRÍNÍ I mBAILE ÁTHA CLIATH—
ACH NÍ DHÉANFAIDH SIAD DOCHAR DÁ LAGHAD DUIT
MÁ CHOINNÍONN TÚ AMACH IAD Ó BHIA.

Cóisir

Cailín:
Gligleáil gligleáil gligeáil glig
Níl a fhios agam beo cén gleo é sin istigh!
Gliog-gleag gliog-gleag gliog-gleag glig
An ligfidh tú isteach mé? Lig! Á lig!

Buachaill:
Gligleáil gligleáil gligleáil glig
An ligfidh mé isteach thú an ea, a chailín bhig?
Gliog-gleag gliog-gleag gliog-gleag glig
Ligfidh agus fáilte - ach i dtosach glan do smig!

An Bioránach

Tá biorán ina shrón aige, tá biorán ina shrón (Tá, mo bhrón)
Ach is cuma, sé mo stór é - mo chéad míle grá
(Ní thig liom é a mhíniú ... ní thuigim féin cén fáth).

Tá a chloigeann ar fad lomtha ach tá bobailín ar barr (Díreach sa lár)
Ach is cuma, sé mo stór é - mo chéad míle grá
(Más fiaile i dtuairim chách é, i mo shúile féin is bláth).

Tá muince mheirgeach lann aige timpeall a mhuiníl
("Stíl!" dar leis, "stíl!")
Ach is cuma, sé mo stór é - mo chéad míle grá
(Glacaim leis mar a fhaighim é gan má ar bith ná dá...)

Níl Béarla aige ná Gaeilge ná teanga ar bith eile
(Níl aige ach seile)
Ach is cuma, sé mo stór é - mo chéad míle grá
(Tá mé sásta é a léiriú agus sásta é a rá).

Pósfaidh mé lá éigin é, pósfaidh - mo bhrón!
(An leanbh bocht beidh biorán ina shrón)
Ach is cuma, sé mo stór é - mo chéad míle grá
(Ní thig liom é a mhíniú - ní thuigim féin cén fáth).

Ádhamh agus Éabha

Nuair a bhí Ádhamh
Ina chodladh go sámh
Sciob Dia cnámh
Agus chruthaigh Éabha:
D'fhéach sise ar Ádhamh
Ina chodladh go sámh
Agus chuimil sí a lámha
Le chéile.
(Bhí sí ag tnúth
Le gúna nua
An dtuigeann tú!)

Stop

Tá na mílte rudaí i mo cheann, na mílte is na mílte rudaí.
Tá abairtí. Na mílte is na mílte abairtí...
Figiúirí. Na mílte is na mílte figiúirí.
Mallachtaí.
Osnaí.
Beannachtaí.
Cúpla céad oíche mhaith, cúpla céad míle haló—
Ní féidir liom cur suas leis níos mó...
Leis sin, stop an teileafón. Níor bhuail a thuilleadh.
Sin uile.

Níl a Fhios Agam

Fuist! Cad a chloisim?
Beach nó puch?
Nó féileacán ag srannadh
Nó, b'fhéidir luch?

Éist! Éist!
An í sin an ghaoth?
Cad é sin a chloisim...
Bláth a rinne sraoth?

An Ráca

Féach an ráca ar an talamh ina luí,
Féach na duilleoga báite - donnuaine agus buí.
Dúisigh, a ráca, agus bí i mbun do ghnó!
- Á, táim tnáite; ní rácálfaidh mé níos mó.

Piasún

Piasún ar ghéag,
Plimp! Lucht piléar.
Dearg an féar.

Báisteach

Titeann an bháisteach
Plip-plopití-plup!
Ar dhíonta na cathrach
A leithéid de thrup!
Plip-plopití-plup
A leithéid de thrup!
Plipití
Plipití
Plopití

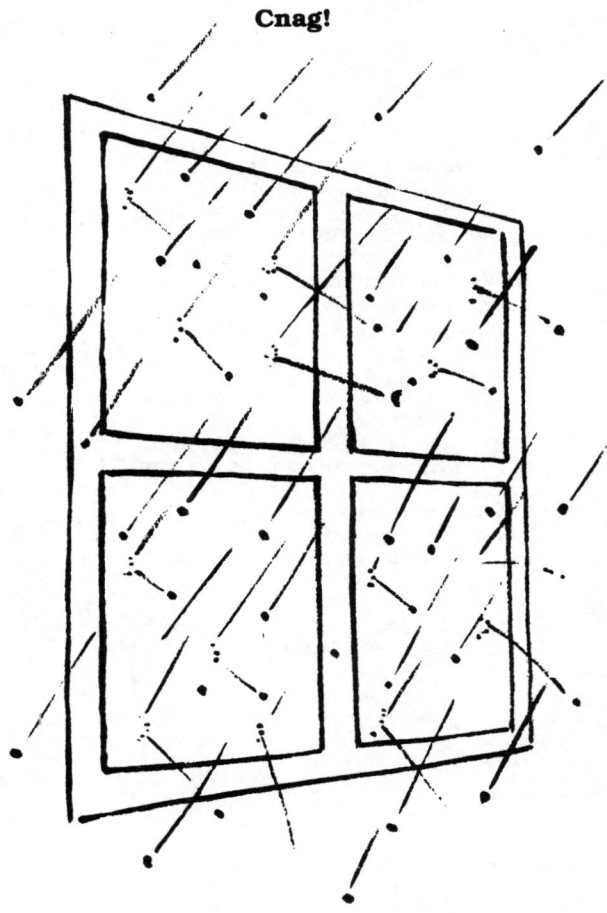

Clocha! Clocha sneachta!
Cnag-cnag-cnag!
Clocha! Clocha sneachta
Ag bualadh ar an bhfuinneog! Cnag!
Clocha! Clocha sneachta!
Cnag-cnag-cnag!
Clocha! Clocha sneachta!
Nach eol duit fós an cúrfá? **Cnag!**

Folúsghlantóir

I dtír i bhfad i gcéin
Do mhair folúsghlantóir
In árasán breá nua
I lár an bhaile mhóir.

"Coimeád an áit seo glan,
Beidh mé ar ais ar a trí!"
"Ní chloisim faic," arsa an folúsghlantóir,
"Ach gearáin ó bhean an tí!"

Níor thaitin an baile mór leis,
Níor thaitin an brú,
Tharraing sé é féin ón mballa-
"Táimse chun éalú!"

Bhí trácht go tiubh ar an mbóthar,
Gluaisteáin is míle adharc:
Ní raibh aon áit le dul ach in airde
Is d'imigh sé láithreach as radharc.

D'eitil sé suas suas,
Chonaic sé na réaltaí go léir:
Shlog sé siar an ghealach
Is gach rud eile sa spéir.

I dtír i bhfad i gcéin
Do mhair folúsghlantóir
In árasán breá nua
I lár an bhaile mhóir.

HAIKU

Bean ag brú pram,
Pónairí, rollaí leithris,
Bananaí ... leanbh

Páirc na Carraige Duí'
Scáil na gcrann sa linn
-Bachlóga á ní

Smólach
Ar an bhfaiche
-Cigire nóiníní

Dánta Duitse!

Préachán
Trí chuirtín lása
-Nó a scáth

Bumbóg
In aghaidh na fuinneoige
-Smeachscéal

Bean i salún maisiúcháin
Ag liathadh
Os comhair scátháin

Duilleoga ag titim
Dhá mhíle
San uair

Cith tobann fómhair
Féileacán ag dul ar fothain
Faoi dhuilleog

Thuirling cleite
D'fhéachas suas
-Faic na ngrást

As tobar dúigh spéire
Líonann crainn
A ngoib

I ngloiní dú' an daill
Dul faoi
Na gréine

Cloch

Bhí cloch ann uair amháin
Tháinig cuileoigín
Ní cloch a bhí ann a thuilleadh
Ach cloch faoi chuileoigín
Ní cuileoigín a bhí ann a thuilleadh
Ach cuileoigín os cionn cloiche
D'imigh an cuileoigín
D'fhan an chloch.

NA DUMHCHA LASMUIGH
(aprés Arno Holz)

An tigh uaigneach,
        leadránach,
ar an bhfuinneog
an bháisteach.

Taobh thiar díom,
        tictac,
              clog,
m'éadan
leis an ngloine.
              Faic.
        Gach rud thart.

An spéir glas,
        glas an mhuir
            agus glas
            an croí.

Grian

Braithim an ghrian laistiar
d'úscadh scamall,
anoir aniar
aduaidh aneas
braithim teas
tamall,
fás,
buailim bob ar bhás.

aisling ar an gcósta thoir

(do Tim Lehane)

go tobann
bhí an bhóchna
bárclán
ionróirí anall
ag déanamh ar éirinn
fomóraigh, lochlannaigh, normannaigh, sacsanaigh
sheas fir ag iascach
go neamhchúiseach
bhí páistí ag tógáil caisleán gainimhe
is madra ag tafann ar an taoide
an madra amháin a chonaic an loingeas
a bholaigh an púdar
a chuala na claímhte á dtarraingt as a dtruaill
bhí sé feicthe cheana ag faoileáin
míle uair

Fáilte

Fearaim fáilte roimh fhuacht
Fáilte roimh theas,
Fearaim fáilte roimh nuacht
Leas is aimhleas.
Fáilte roimh an uile ní
Brí is neamhbhrí.

Pónaithe Sorcais i Seanchill

Pónaithe sorcais
      ag innilt
           sa chiúinfhéar

Is clos dom
      a gcogaint oíche

A bhfaoiseamh
      ón spotsolas

A n-anáil anois
      ó réimsí
           rúnda iontu féin

EILIFINTÍ

D'fhág an sorcas
Cuimhní na bhfear grinn
Ina dhiaidh
In intinn pháistí:
D'fhág aoileach, freisin,
Roinnt tonnaí de.
Cuir do chaincín
Le bláthanna
Agus glasraí:
Lus na gréine
Agus cairéidí -
Gheobhair cinnte
Cumhracht eilifintí.

Snag breac
D'ól lán a ghoib
Dá íomhá féin

Cat ocrach
Á nochtadh sa chlós
-Tugaim isteach an gual

FÍS

ag brostú
abhaile
chugat
chomhairíos
n'fheadar
cé mhéid
ainmhithe
is a bputóga
ag deargú
an róid.
fís
díotsa
amháin
a shlánaíonn
ár ndomhan
fola.

TEILIFÍS

(faoi m'iníon Saffron)

Ar a cúig a chlog ar maidin
Theastaigh an teilifís uaithi.
An féidir argóint le beainín
Dhá bhliain go leith?
Síos linn le chéile
Níor bhacas fiú le gléasadh
Is bhí an seomra préachta.
Gan solas fós sa spéir
Stánamar le hiontas ar scáileán bán.
Anois! Sásta?
Ach chonaic sise sneachta
Is sioraf tríd an sneachta
Is ulchabhán Artach
Ag faoileáil
Os a chionn.

Do Meg

(A chan i nGàidhlig, oíche i Nua-Eabhrac)

An eol duit
nuair a chanais
nárbh ann
níos mó
do na tithe spéire
gur líon
Nua-Eabhrac
le cuileann
gur iompaigh
tráchtghlór
ina phíobaireacht
nótaí binne
ag éag
i ngarbhchríocha
Manhattan
is bhíos
im bhuabhall
ar strae
i spás

BALÚN GORM

Balún gorm
Ar thóir na spéire.
Cén fhad (fiafraím díom féin)
A oilithreacht
Sula mbeidh gorm le gorm go síoraí
Nó nach feasach dó ceann scríbe
Nó na gaotha a chuirfeadh dá threo é?
Siar is aniar tríd na spéartha
Le balún gorm mo mhéine
Suas agus suas agus suas
Á mhealladh i dtreo na gréine.

GLORIA

Blianta caite agam ar thóir mhilseacht Dé
(Ag lorg an chapaill bháin
Is an capall bán fé!)
Cad a bhí orm nach bhfaca mé
Nár chuala mé
Nár bhraith mé
Gach áit -
Nach bhfuil ann ach É?

PAIDIR D'ÍOSA CRÍOST AR AN gCROIS

Is géire ná na tairní a réab do dhá láimhín
Is measa ná an tsleá trí do thaobh geal
Is mó ná an choróin a ghoin do cheann álainn
An grá nuair a éagann — do reacht ar ceal!

TUGADH BUACHAILL UIRTHI!

Aithin an déghnéasacht:
Nuair a mhuirním thú ar mo ghlúin,
Is athair mé, is máthair,
Ná teith ón mbean ionat, a rún,
Ná ón bhfear, cé báite -
Ná teith ón duine.
Ina dhiaidh sin is uile
Is mó ná colainn thú, is follas,
Is Solas -
Bealach na Bó Finne!

An Fhírinne

Ná téimis ar a tóir
ní gá crosáid,
Tá sí os ár gcomhair
bíodh nach ar paráid.

Brat geal na fírinne ionainn féin á shníomh
éadach don bhriathar, sciath don ghníomh.

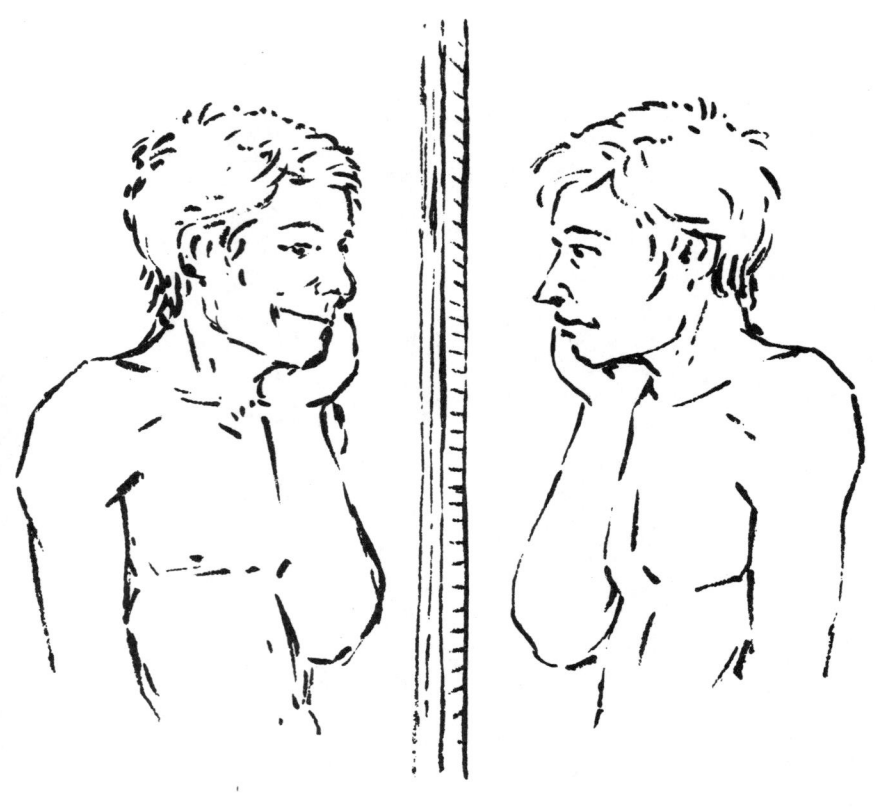

CUIREADH

Féach ort féin
Uair éigin
Nocht i scáthán
Is cuma cén aois thú
Cén gnéas
Cuir gothaí ort féin
Más maith leat
Nó stán
Ná faigh locht ort féin.
An té a chruthaigh gach féith ionat
Gach alt, gach matán,
Tá Seisean, leis, álainn!

TRIOMAIGH DO DHEORA, A DEIRIM

Triomaigh do dheora, a deirim,
Tá an finscéal seo fíor,
Sinne Hansel agus Gretel
Greim láimhe againn ar a chéile.
Is mé Oisín, is tú Niamh,
Ag marcaíocht ar muin báneich
Ag éalú ón stair, ó am, thar toinn.
Triomaigh do dheora, a deirim,
Tá an finscéal seo fíor.

IARFHOCAL

Ní bhacfainn le dánta do pháistí a scríobh mura bhfaighinn pléisiúr mór as agus níl d'aidhm ag an díolaim seo ach an pléisiúr sin a roinnt le léitheoirí, idir óg is aosta.

Uaireanta scríobhaim dáinín do leanaí go coinsiasach, d'aon ghnó, is mé im dhuine fásta; uaireanta eile is é an páiste ionam a thionscnaíonn an chumadóireacht, an páiste nach bhfásfaidh suas is nach n-éagfaidh go deo — as a bhéal siúd a sceitheann mórán véarsaí gan aon chur isteach ón duine fásta. Éist leis seo:

> "I sometimes think that children if left to themselves understand the nature of the universe far better than grown up people. I think that they look at the world in the right way, are more receptive and receive its experiences with more appropriate emotions. Those vague simple delicious memories of a child, so delicate, so evasive, are amongst the memories one would wish if there was a future life to carry away with one — the first glimpse of tiny blue eggs in a hedge sparrow's nest; the happy tints on Summer curtains put up unexpectedly in the night nursery after the dreary winter rains; the soothing somnolent twittering of swallows when one was trying to go to sleep with all the sounds and scents of the garden coming in at the window.
>
> To a child also, the alternative — the terrible — is continually present. They are supersensitive to all those vague intimations of the unknown, of the natural, which even the most naturalistic of us feel sometimes — as when by ourselves we open the doors of empty darkened rooms. They understand the romance of the terrible, of the stark . . ."

Is mar sin a scríobh Llewelyn Powys i leabhar a foilsíodh i Nua-Eabhrac i 1916, *Confessions of Two Brothers*. (Ba é an deartháir eile, dála an scéil, ná John Cowper Powys, údar an mhórúrscéil stairiúil *Owen Glendower;* 99% de pháistí na hÉireann ní chloisfidh siad go deo ainmneacha na ndeartháireacha Powys ná ní chloisfidh siad trácht choíche ar laoch úd na Breataine Bige, Owain Glyndwr. Tugtar tír Cheilteach ar Éirinn!) Más fior do Llewelyn Powys tá a lán le foghlaim ón aos óg. Is méanar don mhúinteoir agus don tuismitheoir a fhoghlaimeoidh de shíor ó na rudaí beaga, ó úire a mbraistinte, ó mhacántacht nó greann a dtuairisce. Is méanar don athbheochantóir teanga atá in ann an úire sin — focalspraoi — a thabhairt ar ais don pháiste!

Moladh agus buíochas mór le Dia

Gabriel Rosenstock
Baile Átha Cliath, 1988